Passional Christi vnd Antichristi.

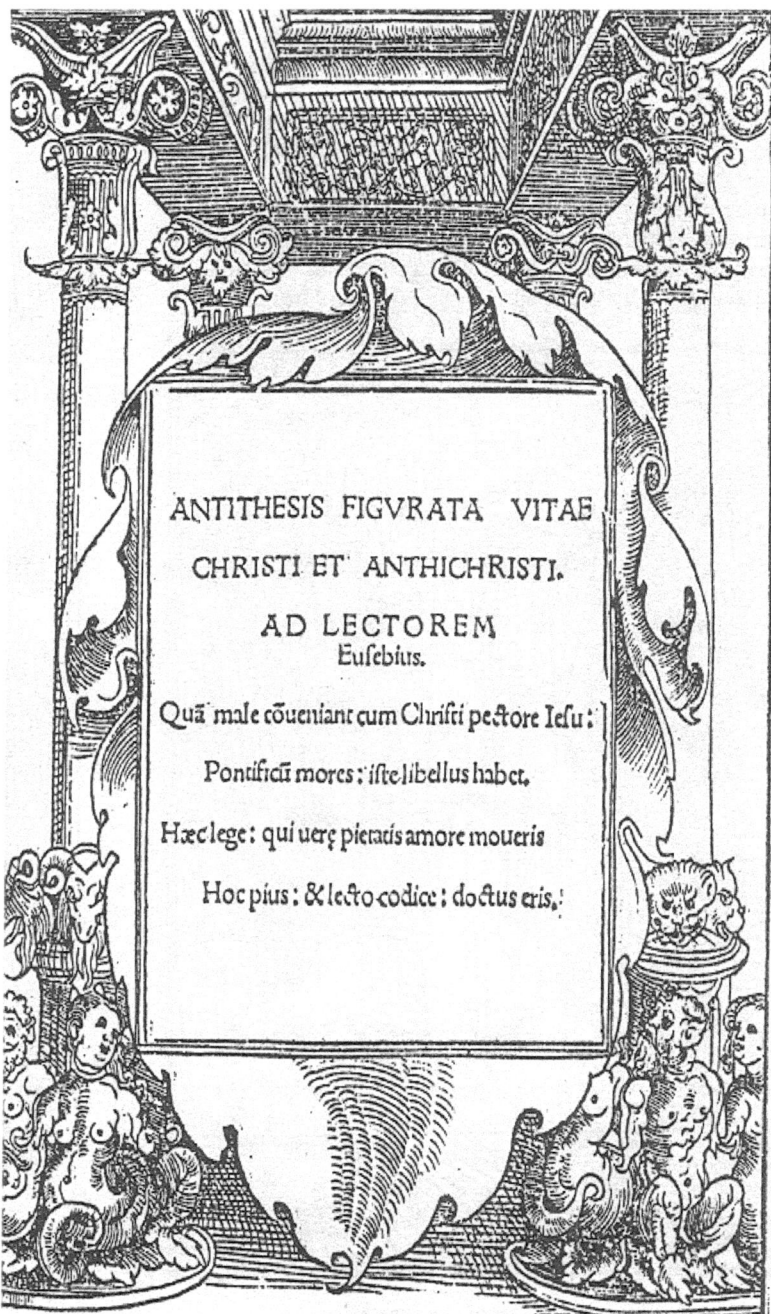

ANTITHESIS FIGVRATA VITAE CHRISTI ET ANTHICHRISTI.

AD LECTOREM
Eufebius.

Quã male cõueniant cum Chrifti pectore Iefu :

Pontificũ mores : ifte libellus habet.

Hæc lege : qui uerę pietatis amore moueris

Hoc pius : & lecto codice : doctus eris.

Christus floh das irdisch Rich —

Da Jesus innen ward, daß sie kommen wurden und ihnen zum König machen, ist er abermal uffn[1] Berg geflohen, er allein, Johann. 6 (V. 15.) Mein Reich ist nicht von dieser Welt, Joh. 18 (V. 36.) Die Könige der Welt hirrschen ihr, und die Gewalt haben, werden gnädige Herrn genannt, ihr aber nicht also, sonder der do großer ist unter euch, fall sich niedern, als der weniger. Lucä 22 (V. 25.)

---

1 auf den.

Antichristi.

Aus Obirkeit, die wir sonder Zweifel zum Kaiserthumb
haben, und aus unser Gewalt, seind wir des Kaiserthumbs,
so sich das vorledigt, ein rechter Erbe cle. pastoralis ad fin.
de sent. et re iud.

Summa Summarum, nichts anders ist in des Papsts
geistlichen Rechte zu finden, dann daß es seinen Abgott
und Antichrist ubir alle Kaiser, König und Fursten ir=
hebet; als Petrus vorgesagt hat: Es werden kommen
unvorschampte Bischoff, die die weltlich Herrschaft werden
vorachten. 2. Pet. 2. (V. 10.)

Chriſto eine Dornen-Krone man bereyt —

Die Soldner haben geflochten eine Kronen von Dörnen,
und auf sein Häupt gedruckt, darnach mit einem Purpur-
Kleid haben sie ihn bekleidet.   Johann. 19. (V. 2.)

Antichristi.

Der Kaiser Constantinus hat uns die kaiserlich Krone,
Gezierde, allen andern Geschmuck, inmaſſen wie ihn der
Kaiſer trägt, Purpurkleid, alle andere Kleider und Scepter
zu tragen und zu brauchen geben. c. Conſtantinus 116. Dis.

Solche Lügen haben ſie, ihre Tyrannei zu erhalten,
erdicht, wider alle Hiſtorien u. Kundſchaft, dann es iſt
nit brauchlich geweſen den romiſchen Kaiſern eine ſolche
Krone zu tragen.

So ich eure Füsse habe gewaschen, der ich euir Herr und Meister bin, vielmehr sollt ihr einander unter euch die Füsse waschen. Hiemit habe ich euch ein Anzeigung und Beispiel geben: wie ich ihm than habe, also sollt ihr hinfur auch thuen. Wahrlich, wahrlich sage ich euch, der Knecht ist nicht mehr, dann sein Herre, so ist auch nicht der geschickte Bote mehr, dann der ihn gesandt hat. Wißt ihr das? Selig seid ihr, so ihr das thuen werdet. Johann. 13. (V. 17.)

Antichristi.

Der Papst maßt sich an, itzlichen Tyrannen und heidnischen Fürsten, so ihre Füß den Leuten zu kussen dargereicht, nachzufolgen, damit es wahr werde, das[1] geschrieben ist: Welcher dieser Bestien Bilde nicht anbetet, soll getödt werden. (Apokalyp.[2] 13. (V. 15.)

Dieses Kussens darf sich der Papst in seinen Decretalen unverschampt rühmen, c. cum oli. de pri. cle. si summus pont. de sen. excom.

---

1 was. 2 Offenb.

Gehe hin zum Meer, und laß inn deinen Hamen: dem
erſten fiſch, der ſich ufwirft, thue das Maul auf, dorinnen
wirſt du finden einen Gulden, den gib zu Zoll vor mich
und dich. Matth. 17. (V. 27.)

Gebt der Obirkeit, die das Schwert in ihren Händen
hat, ſeine[1] Gebühre; den Zins, wem der Zins zuſtehet,
den Zoll, deß[2] er gebuhrt. Paul ad Roma 13. (V. 7.)

---

1 ihre. 2 dem.

4

Antichristi.

Wir setzen und ordnen, daß den mit nicht geziemen soll, so den weltlichen Gerichtszwang haben, Steuir und Schoß den geistlichen Personen ufzulegen, oder den zu fordern von ihren Häusern und[1] allen andern Gutern, bei der Büß des schweren Banns und Interdicts: deßgleichen sollen die Geistlichen diese alle nicht zahlen sonder unser Erläubniß. c. 1. de immunit. Eccl. Lib. 6.

Also hat der Papst Gotts Gebot durch sein Gebot zurissen, welchs seiner unchristlichen Decretal einigs Werk ist.

---

1 oder.

Chriſtus in Demut wohnet bey den Armen —

Chriſtus, ob er wohl in der göttlichen Form war,
dennoch hat er ſich deß geäußert, ſich geniedert und
geberdet wie ein Knecht, gleich den andern Menſchen
anzuſehen und befunden ein Menſch, der ſich gedemüthiget
hat, und iſt gehorſam geweſen bis in den Tod, Philippenſes 2.[1]
(V. 6. 7. 8.)

_____

[1] zu den Philippern am andern Capitel.

Antichristi.

Des schampt sich der Papst, das ist zum Erbarmen.

Der Papst meint, es sei seinen Ehren zu nahe, daß er
sich demüthiger, dann der sich zu fast[1] demüthiger, ge-
deiget ihm in dem Regiment zu Vorachtung. c. quando
86. Distinc.

Also sagt die Glossa: das ist waher bei den Narren;
das ist so viel: man muß gestrenge ubir die deutschen
Narren regieren; so halten sie viel von uns.

---

[1] sehr.

Ihefus fatigatus ex itinere fedebat fic fupra fontem. Iohannis. iiij.
Si quis vult venire poſt me: abneget femetipſum, tollat crucem fuā,
& fequatur me, Matthei. xvi.
Et baiulans fibi crucem, exijt in eum qui dicitur Cāluariæ locus, Iohā.
xix.

Antichristi.

Hie laßt sich tragen der Papst geschmuckt.

Das Kapitel, si quis suadente und dergleichen, zeigt
gnug an, wie gerne der Papst das Kreuz der [1] Wider=
wärtigkeit dulder, so er alle diejenen, die Hand an die
Pfaffen anlegen, vormaledeier und dem Teufel gibt. Und
also auch trägt der Papst das Kreuz, daß ihnen getaufte
Christen uf ihren Achselen tragen müssen.

---

1 und.

Christus hat selbst seyn Schäfflein geweydt —

Ich muß auch andern Städten predigen das Reich Gotts, dann ich von deßwegen gesandt bin, und hab gepredigt in den Synagogen durch Galiläam. Luc. 4. (V. 43. 44.)

Antichristi.

In Wolluſt lebt Dieſſer und Uippigkeyt.

Es geſchieht oft, daß die Biſchoff mit vielen Händeln
beladen ſind, und von wegen ihrer Fehden, auch zun
Zeiten koñnen ſies nicht, das dann nit ſein ſoll, mogen
des Predigens nit gewarten,[1] ſonderlich wann ihre Bis-
thumb groß ſeind, dann mogen ſie andere vor ſich be-
ſtellen, die do predigen. c. inter caetera de offi. ordina.

Das ſeind die Biſchoff, die ihres ordenlichen Ampts
vergeſſen, ſind worden animalia ventris, und ſprechen:
Kommet und laßt uns ſchlemmen und tämmen, und alſo
fur und fur gut Leben haben. Eſai 56. (V. 12.)

---

1 abwarten.

In Armut und Fryd ward Chriſtus geboren —

Die Fuchs haben ihre Grüben, und die Vogel der Luft
ihre Neſter, aber der Sohn des Menſchen hat nicht, do
er ſein Häupt legte. Luc. 9. (V. 58.)

Dieſer, ob er wohl reich war, dennoch umb unſert=
willen iſt er arm worden und ſein Armuth hat uns reich
gemacht. 2. Kor. 8. (V. 9.)

Antichristi.

Zu Krieg und Hoffart der Papst erkoren.

Wir losen auf alle Eide, die[1] die Geistlichen zu Ge=
fängniß gelobet haben, und gebieten, daß man nit allein
mit geistlichem, sondern auch mit dem weltlichen Schwert
ihre Güter beschützen sall, so lang, bis daß sie ihr ent=
wandt Gut wieder haben. 15. q. 6. c. Auctoritatem. Und
der in diesem Krieg stirbt odir vordirbt, wird erlangen
das ewig Leben. 23. q. 5. c. Omnium et q. 8. c. Omni. Das
heißt seins Guts gewiß sein, daß mans auch vor gut
acht, ob schon Christenblut dorubir vorgossen wird.

1 welche.

Sich an, dein König kompt dir demüthig, uf einem
jungen Esel, Matthäi 21. (V. 5.). Also ist Christus kommen
reitend uf in frembden Esel, arm und sanftmüthig, und
reit, nicht zu regieren, sondern uns allen zu einem seligen
Tode. Johannis 12. (V. 41.)

Antichristi.
Der Papst in Hoffart und stolzen Sytten.

Die Geistlichen seind alle Konige, und das bezeugt[1] die Platten ufm Kopfe, duo. 12. q. 1. Der Papst mag gleich= wie der Kaiser reiten, und der Kaiser ist sein Trabant, uf daß bischofflicher Würden Gehalt nicht gemindert werde. c. Constantinus 10. c. 6. Dis.

Der Papst ist allen Volkern und Reichen vorgesetzt. Exvag. sup. gentes, Johannis 22.

---

1 bezeugen.

Chriſtus kein Engens noch Golds bedurfft —

Ihr ſollt nicht haben Gold nach[1] Silber, nicht Geld an[2] euirn Gorteln, keine Taſchen, auch nit zween Röck, nach Schuhe, nach ein Wanderſtab. Matth. 10. (V. 9. 10.)

Sanct Peter ſagt: Ich habe wider Gold nach Silber, Act. 3. (V. 6.) Ubi iſt dann patrimonium Petri?

Antichrifti.

Alle Land der Papft fich underwurfft.

Kein Bifchoff fall uf ein gering und kleine Stadt ge=
weihet werden, fondern zu einem ehrlichen Titel gefätzt
und hochgelehret fein. 8o. Dift. c. Epifcopi.

Wir ordnen, daß keine Weihung ahne gnugliche[1]
Vorforgung kräftig fei. 7o. Dift. Sanctorum.

_____

1 gründliche.

Das Reich Gotts ist nit in äußerlichen Geberden, siehe hie aber do ist Christus; besonder das Reich Gotts ist innerlich in euch. Luc. 17. (V. 20. 21.) Warumb habt ihr das Gebot Gotts ubirtreten von Menschen Gesetz wegen? Alle ehren mich vorgeblich, die do Menschen Lehre und Gebot halten, Matth. 15. (V. 7. 8. 9.) Esaiä 29. (V. 13.)

Antichristi.

Hat gantz umgewandt der Papst uff Erden.

Des Antichrists Reich ist ganzlich in äußerlichem Wesen:
was sagt des Papsts Recht anders, dann Ordnung von
Kaseln, Kleidern, Platten, Feiertagen, Weihungen,
Pfrunden, Secten, Monchen und Pfaffen? Und nennen
sich, ihre Habe und Guter geistlich Gut; sich allein die
christlich Kirche, die Pfaffen das auserwählte Volk Gotts;
gleichsam wären die Laien nicht in der Kirchen, und
Gotts, wider alle Schrift. Uber das vorbeut er die
Speise, Ehe; wie dann Paulus vor[1] gesagt hat: Es
werden kommen vorlogne Geist, und solche Ding vorbieten.
1. Tim. 4. (V. 1. 2. 3.)

_____
1 zuvor.

Er hat funden im Tempel Verkaufer, Schaf, Ochſen
und Tauben und Wechsler ſitzen, und hat gleich ein
Geißel gemacht von Stricken, alle Schäf, Ochſen, Tauben
und Wechsler ausem Tempel trieben, das Geld verſchütt,
die Zahlbrett umbfahrt und zu den,[1] die Tauben vor-
kauften, geſprochen: Hebt euch hin mit dieſen, aus meins
Vatern Haus ſollt ihr nicht ein Kaufhaus machen,
Joh. 2. (V. 14. 15. 16.) Ihr habts umbſunſt, darumb gebts
umbſunſt, Matth. 10. (V. 8.) dein Geld ſei mit dir in Vor-
dammnuß. Act. 8. (V. 20.)

4

Antichristi.

Hie sitzt der Antichrist im Tempel Gotts, und erzeigt
sich als Gott, wie Paulus vorkundet 2. Theſſal. 2. (V. 4),
vorandert alle gottlich Ordnung, wie Daniel ſagt, und
unterdruckt die heilig Schrift, vorkäuft Dispensation,
Ablaß, Pallia, Bisthum, Lehen, erhebt die Schätz der
Erden, loſt uf die Ehe, beſchwert die Gewiſſen mit ſeinen
Geſetzen, macht Recht, und umb Geld zureißt er das.
Erhebt Heiligen, benedeiet und maledeiet ins vierte Ge-
ſchlecht, und gebeut ſein Stimm zu horen, gleich wie
Gotts Stimm. c. sic omnis Dist. 19. und Niemands ſall
ihm einreden. 17. q. 4. c. Nemini.

In ihren Ansehen ist er aufgehaben, und die Wolken haben ihn hinweggenommen vor ihren Augen. Dieser Jesus, der von euch in Himmel aufgenommen ist, wird also wiederkommen, wie ihr ihn gesehen habt zu [1] Himmel fahren. Act. 1. (V. 9. 10. 11.) Sein Reich hat kein Ende, Lucä 1. (V. 33.) Wer do mir dient, der wird mir nachfolgen, und wo ich bin, do wird mein Diener auch sein, Johann. 12. (V. 26.)

1 zum.

Antichristi.

In Abgrunt hinab der Papst fellt.

Es ist ergtiffen die Bestia, und mit ihr der falsch Prophet, der durch sie Zeichen than hat, domit er vorfuhrt hat die, so sein Zeichen von ihme genommen, und sein Bild angebetet, seind versenkt in die Teufe des Feuirs und Schwefels, und seind getodt mit dem Schwert deß, der do reit usm weißen Pferd, das aus seinem Mauel[1] gehet. Apokal. 16.

Danne wird offenbar werden der Schalkhaftige, den wird der Herr Jesus tödten mit dem Athem seins Munds, und wird ihn stürzen durch die Glorie seiner Zukunft. 2. ad Thessa. 2. (V. 8.)

---

1 Munde.